J.M. Heberle

Gemälde-Sammlung

J.M. Heberle

Gemälde-Sammlung

ISBN/EAN: 9783744655118

Hergestellt in Europa, USA, Kanada, Australien, Japan

Cover: Foto ©Thomas Meinert / pixelio.de

Weitere Bücher finden Sie auf **www.hansebooks.com**

Katalog

der

Gemälde-Sammlung

des Herrn

CARL PAGENSTECHER

in

Elberfeld.

Gemälde niederländischer, italienischer
und deutscher Meister des XV. bis XVIII. Jahrhunderts.
Moderne Bilder.

Versteigerung zu Köln

den 28. und 29. Mai 1889

durch

J. M. Heberle (H. Lempertz' Söhne)

im neuerbauten Auktionslokale, Streifestraße 125 und 127.

Verkaufs-Ordnung und Bedingungen siehe umstehend.

KÖLN 1889.

Druck von J. S. Steven, Brüderstrasse 13.

Verkaufs-Ordnung.

Dienstag den 28. Mai 1889, Nachmittags 3 Uhr,

Nro. 1– 53.

Mittwoch den 29. Mai 1889, Nachmittags 3 Uhr,

Nro. 51 bis Schluss.

☞ In den einzelnen Vacationen wird die Reihenfolge des Katalogs nicht immer genau beibehalten.

Bedingungen.

Die Sammlung ist in Köln in dem neuerbauten Auctions-Locale, Breite-strasse No. 125 127. zugleich mit den Sammlungen des Freiherrn von Fechenbach und des verstorbenen Herrn Geh. Commercienrath F. Zschille zur Besichtigung ausgestellt:

Montag den 20. bis Mittwoch den 22. Mai einschliesslich.

von 9 Uhr Morgens bis 6 Uhr Nachmittags.

Auswärtigen Interessenten ist der Zutritt behufs Besichtigung auch Samstag den 25. und Sonntag den 26. Mai gestattet.

Durch den Unterzeichneten werden auf persönliche oder schriftliche Meldungen Eintrittskarten ausgegeben, und ist nur den damit versehenen Personen die Besichtigung der Kunstgegenstände und Beiwohnung der Ver-steigerung gestattet. Den Besuchern wird bei der Besichtigung und Unter-suchung der Gegenstände die grösstmögliche Vorsicht empfohlen, damit kein Gegenstand durch Ungeschicklichkeit, Reiben und dergl. beschädigt werde. Jeder hat den auf diese Weise angerichteten Schaden zu ersetzen.

Der Verkauf geschieht gegen **baare Zahlung.** Ausser dem Steigpreise hat der Ansteigerer das gewöhnliche Aufgeld von 10°₀ per Nummer zu ent-richten. Die Gegenstände werden in dem Zustande verkauft, worin sich solche befinden. Nachdem durch die Ausstellung dem Publicum Gelegenheit geboten, sich über den Zustand der ausgestellten Gegenstände zu unterrichten, kann nach geschehenem Zuschlage keinerlei Reclamation berücksichtigt werden.

Der Katalog wurde nach den Notizen des Herrn Besitzers angefertigt.

Der Unterzeichnete hält sich das Recht vor, Nummern zusammenzustellen oder zu theilen. Sollte durch einen Zuschlag bei erfolgtem Doppelgebote sich ein Streit entwickeln, so wird augenblicklich der Gegenstand von Neuem ausgesetzt, um jedem Theile auf die unparteiischste Weise zu begegnen.

Die Ansteigerer sind gehalten, ihre Acquisitionen nach jeder Vacation in Empfang zu nehmen und Zahlung dafür incl. des Aufgeldes von 10°₀ per Nummer an den Unterzeichneten zu leisten; widrigenfalls behält sich der unterzeichnete Auctionator das Recht vor, die angesteigerten, nicht in Empfang genommenen Gegenstände auf Kosten und Gefahr des Ansteigerers wieder zu verkaufen. Die Aufbewahrung bis zur Abnahme und Bezahlung geschieht mit möglichster Sorgfalt, **jedoch auf Gefahr des Ansteigerers.**

J. M. HEBERLE (H. Lempertz' Söhne .

Andreas Achenbach. (Düsseldorf.)

1 Flachlandschaft bei Regenwetter.

Weit ausgedehntes Terrain, in dessen Mittelgrunde einige Häuser und Windmühle; im Vorgrunde eine Furth, durch welche ein Bauer mit Ochsenwagen fährt.

Sehr hübsches skizzenhaft behandeltes Bildchen.
Unten rechts bezeichnet: A. Achenbach 62.

Holz. Höhe 12½. Breite 21 Cent.

Heinrich Aldegrever,
geb. zu Soest 1502; lebte noch daselbst 1555.

2 Weibliches Bildniss.

Hüftfigur einer jüngeren Dame, fast ganz von vorne gesehen, in reich mit Gold gemustertem Gewande und mit prächtigen Halsketten und Geschmeide. Das herabfallende Haar bedeckt eine breite Perlenhaube mit grosser Agraffe.

Sehr interessantes, vorzüglich ausgeführtes Costümbild.
Rechts in der Mitte das Monogramm: A. G.

Holz. Höhe 59. Breite 42 Cent.

Michelangelo Amerighi gen. Caravaggio.
geb. zu Caravaggio 1569; † zu Porto Ercole 1609.

3 Die heilige Familie.

Der Jesusknabe, nackt, klettert auf den Schooss der sitzenden Madonna in blauem Gewande und rothem Mantel; hinter ihr links der hl. Joseph, rechts zwei Engel.

Sehr schönes Bild mit wirkungsvollen Lichteffecten.
Gallerie Münchhausen.

Leinwand. Höhe 173. Breite 125 Cent.

Hendrik Avercamp, gen. de Stomme van Kampen,

geb. zu Kampen 1590; † 1660.

4 Winterlandschaft.

Auf einem zugefrorenen Flusse, der sich weithin teichartig ausdehnt, bewegen sich bis in die durch Kirche und Windmühle begrenzte Ferne zahlreiche, Schlittschuh laufende und Schlitten fahrende Figuren. Auf dem Ufer im Vorgrunde rechts Bauernhof mit Taubenschlag etc.

Sehr gutes Bild.
Auf einem Kahn in der Mitte die Signatur.

Holz. Höhe 27. Breite 32 Cent.

Giovanni Antonio Bazzi, gen. Sodoma,

geb. zu Vercelli wahrscheinlich 1477; † zu Siena 1549.

5 Betende Madonna.

Lebensgrosses Brustbild der Maria in rothem Gewande und reich drapirtem weissem Kopfschleier, nach links gewandt, den Kopf gesenkt, mit demuthsvollen niedergeschlagenen Augen. Die Hände sind über die Brust gekreuzt.

Strenges, ernstes Bild von andachtsvoller, tiefer Empfindung und hoher Innigkeit.

Holz. Höhe 64. Breite 41 Cent.

Abraham van Beijeren,

geb. im Haag 1620 oder 1621.

6 Fischstück.

Auf einem Holztische liegt neben kleinen Muscheln ein grosser todter Fisch; dahinter steht eine Bütte, mit kleinen Fischen aller Art gefüllt.

Gutes Bild in braunem Tone.
Unten rechts das stark frottirte Monogramm: A. v. B.

Holz. Höhe 45. Breite 55 Cent.

Bernardo Belotto gen. Canaletto,

geb. zu Venedig 1720; † zu Warschau 1780.

7 Ansicht von Venedig mit der Piazetta und dem Dogenpalast.

Den ganzen Vorgrund nimmt der Kanal ein, auf dem zahlreiche Gondeln und andere Fahrzeuge. In der Mitte ein grosser Kahn mit vier Damen besetzt, deren eine das Tambourin schlägt. Das Ufer ist von zahllosen Figuren belebt.

Vorzügliches Werk des Meisters, aus seiner venetianischen Zeit, von sorgfältiger Durchführung und warmer Abtönung. Die Staffage dem Steffano Torelli zugeschrieben.

Leinwand. Höhe 60. Breite 94 Cent.

COLLECTION PAGENSTECHER.

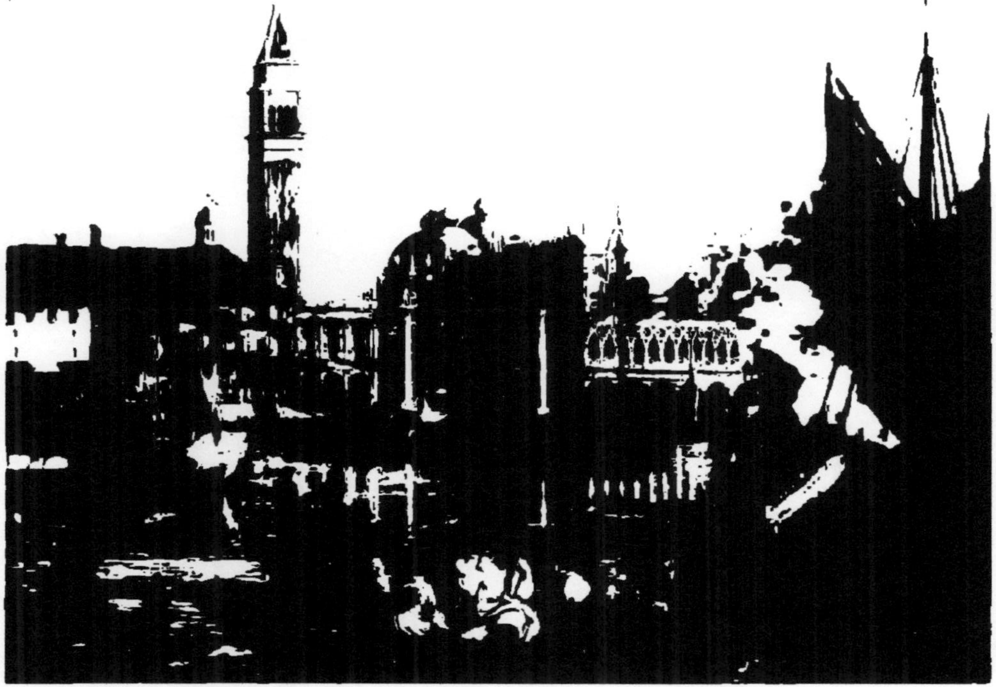

COLLECTION   N. GHER.

Wilhelm von Bemmel,

geb. zu Utrecht 1630; † zu Wöhrd 1708.

8 Landschaft mit Felsenthor.

Den Vorgrund nimmt ein Wasser ein, dessen jenseitiges Ufer gebirgig; links gewährt ein grosses Felsenthor einen Durchblick in weite
von Gebirgszug begrenzte Ferne.

Gutes Bildchen.

Holz. Höhe 14. Breite 20 Cent.

Hendrick Bloemaert,

geb. zu Utrecht 1601; † daselbst 1672.

9 Portraitskizze eines Alten.

Brustbild eines alten Mannes in Dreiviertel-Wendung nach rechts, den
Beschauer ansehend. Das faltige Gesicht umrahmt ein struppiger weisser
Bart; den Kopf bedeckt eine hohe Pelzmütze. Die Hände hat er auf
seinem Stock übereinander gelegt.

Vorzüglich ausgeführtes, charaktervolles Bild. Die Figur dieses wie des folgenden
sind die gleichen, wie in dem bekannten Bilde des Meisters im Ryksmuseum zu Amsterdam (ehemals Trippenhuys).

Holz. Höhe 56. Breite 45 Cent.

10 Portraitskizze einer alten Frau.

Brustbild in Dreiviertel-Wendung nach links, den Kopf mit runze-
ligem Gesicht und schneeweissem Haar mit einem weissen Tuche verhüllt.
Sie trägt ein graues Gewand mit nachlässig umgeschlagenem Halstuche,
die Hände hat sie in einander gelegt.

Gegenstück zum Vorigen in gleich vorzüglicher Ausführung.

Holz. Gleiche Grösse.

Pieter de Bloot.

geb. um 1600; † zu Rotterdam 1652.

11 Bauernkirmess.

Vor der Schenke rechts sitzt zechend und sich unterhaltend eine
Bauerngesellschaft um einen Tisch. Links führt die breite Dorfstrasse in
den Ort; dieselbe ist von zahllosen Figuren belebt, die in Gruppen vor
aufgeschlagenen Buden stehen, vor der Kneipe sitzen etc. Im Vorgrunde
eine Frau, ihren trunkenen Mann nach Hause führend.

Prächtiges Werk des Meisters, von erster Qualität, in schönem, warmen Goldton.

Holz. Höhe 38. Breite 60 Cent.

A. Böhm. (Düsseldorf.)

12 Marine.

Hafeneinfahrt bei stürmischer See: rechts ein Dampfer im Kampfe
mit den Wellen; links die Landungsbrücke, auf der mehrere Figuren.

Vortreffliches Bild, ganz im Geiste des Andreas Achenbach vorzüglich ausgeführt.
Unten rechts bezeichnet: A. Böhm.

Holz. Höhe 70. Breite 85 Cent.

13 Küstenlandschaft bei Morgendämmerung.

Rechts der flache Dünenstrand; links die leicht bewegte brandende
See, die von zahlreichen Fischerbooten und Kähnen belebt ist.

Gegenstück zum Vorigen, in gleicher Ausführung.
Unten rechts bezeichnet: A. Böhm.

Holz. Gleiche Grösse.

14 Bewegte See.

Rechts Lootsenkutter auf hochgehender Welle.

Sehr gutes Bildchen.
Unten rechts bezeichnet: A. Böhm.

Holz. Höhe 24. Breite 32 Cent.

Jan von Breda,
geb. zu Antwerpen 1683; † 1750.

15 Jahrmarktscene.

In einer nach rechts weit ausgedehnten gebirgigen Landschaft sind
auf einem freien Platze des Vorgrundes bei der Schenke links mehrere
Buden und Zelte aufgeschlagen, vor welchen zahllose Figuren und Reiter
in den verschiedensten zwanglosen Gruppen versammelt sind. Etwas
weiter zurück kommt von der Kirche her eine vierbespannte Karosse.

Vorzügliches Bild, von reicher Composition, in der Art des Wouwermans, in
heller, klarer Farbengebung.

Holz. Höhe 40, Breite 50 Cent.

Adriaen Brouwer,
geb. zu Oudenaarde 1605 oder 1606; † zu Antwerpen 1638.

16 Bettlerin.

An einer verfallenen Holzthür sitzt eine Frau in zerlumpter Kleidung
auf grossem Steine, en profil gesehen.

Sehr gutes Bildchen.
Oben links Spuren der Bezeichnung: A. B.

Holz. Höhe 15. Breite 20 Cent.

Jan Brueghel gen. Sammt-Brueghel,

geb. zu Brüssel 1568; † zu Antwerpen 1625.

17 Die Predigt Johannes des Täufers.

Links steht in einem Waldeingange der Heilige vor hohen Bäumen, vor zahlreichen Zuhörern predigend. In der hinteren Reihe gewahrt man die Portraitfigur des Malers in blauem Mantel. Die Landschaft dehnt sich gebirgig nach rechts aus mit einem breiten Flusse, in dem der Heilige taufend. Sehr gutes Bild in hellem klaren Ton.

Holz. Höhe 38. Breite 51 Cent.

Brügner. (München).

18 Winterlandschaft.

Links zugefrorenes Wasser; rechts auf dem schneebedeckten Ufer, an dem mehrere Kähne liegen, bei hohen entlaubten Bäumen Bauernhöfe. Skizze.

Unten rechts bezeichnet: Brügner.

Leinwand. Höhe 11½. Breite 21 Cent.

Gerritsz Camphuysen,

geb. zu Gorckum 1586; † 1626.

19 Landschaft mit Aussicht auf Ryswick.

Links Canalarm, auf dessen linkem Ufer eine grössere Ortschaft liegt; auf dem rechten Ufer gewahrt man ein Schloss mit seinen hohen Thürmen. Im Vorgrunde links Weideplan mit Kuhheerde; rechts eine Gruppe knorriger, theils dicht belaubter hoher Eichbäume, zwischen denen mehrere Häuser versteckt liegen. Auf dem freien Vorplatze zwei Figuren in Unterhaltung.

Vortrefflich durchgeführtes schönes Bild, von harmonischer poetischer Abend-Stimmung.

Unten rechts das Monogramm: J. G. C.

Holz. Höhe 19. Breite 61 Cent.

Michael Carré,

geb. zu Amsterdam 1696; † zu Alkmaer 1728.

20 Landschaft mit Vieh.

Auf dem den ganzen Vorgrund einnehmenden Ufer eines Flusses, der sich links von weiter gebirgiger Ferne herschlängelt, lagert eine grosse Heerde von Kühen, Schafen und Ziegen, von denen einzelne zum Wasser hinabsteigen. Rechts sitzt die Hirtin, sich mit der neben ihr stehenden Melkerin unterhaltend, am Fusse einer Höhe bei hohen Bäumen.

Reich componirtes schönes Bild, von klarem leuchtenden Ton und guter Erhaltung.

Holz. Höhe 50. Breite 65 Cent.

Lucas Cranach der Aeltere,

geb. zu Kronach 1472; † zu Weimar 1553.

21 Doppelportrait.

Kniebild einer sächsischen Fürstin in überaus reichem, prächtig mit Gold gesticktem Costüm, mit grossem Hut, breiter Halskette, Goldgeschmeiden etc. Sie hält an der mit Ringen besteckten Rechten einen jugendlichen Prinzen in rothem mit Hermelin gefütterten Gewande und rothem Barret.

Sehr schönes, namentlich auch durch die reichen Costüme ungemein interessantes Bild.

In der Mitte rechts das Monogramm der Schlange mit Ring auf einer Schleife; am Hute die Bezeichnung: Cranag am Ronek Lucas.

Holz. Höhe 60, Breite 45 Cent.

C. F. Deiker. (Düsseldorf.)

22 Hirschfamilie.

Im Vorgrunde einer Gebirgslandschaft steht in hohem Gestrüpp, brunftschreiend ein grosser Hirsch mit mächtigem Geweih; vor ihm lagern zwei Hirschkühe.

Sehr schönes Bild.

Unten links bezeichnet: C. F. Deiker 1873.

Holz. Höhe 41, Breite 52½ Cent.

23 Fuchs mit Beute.

Waldlandschaft in tiefem Schnee, durch den der Fuchs schleicht, den geraubten Hasen, dessen Blut den Schnee färbt, wegschleppend.

Sehr gutes Bild.

Unten rechts bezeichnet: C. F. Deiker.

Leinwand. Höhe 38, Breite 46 Cent.

24 Rehbock.

Derselbe schleicht scheu durch ein Gestrüpp.

Nettes Bildchen.

Unten links bezeichnet: Deiker.

Holz. Höhe 17, Breite 22 Cent.

Balthasar Denner.

geb. zu Altona 1685; † zu Rostock 1719.

25 Bildniss eines Mannes.

Lebensgrosses Brustbild in mittleren Jahren nach rechts gewendet, der Kopf fast ganz von vorn gesehen, mit gepuderter Allongeperrücke, in braunem offenen Gewande mit schmalen Goldborden und grosser Hemdkrause.

Gutes Bild.

Leinwand. Höhe 60, Breite 48 Cent.

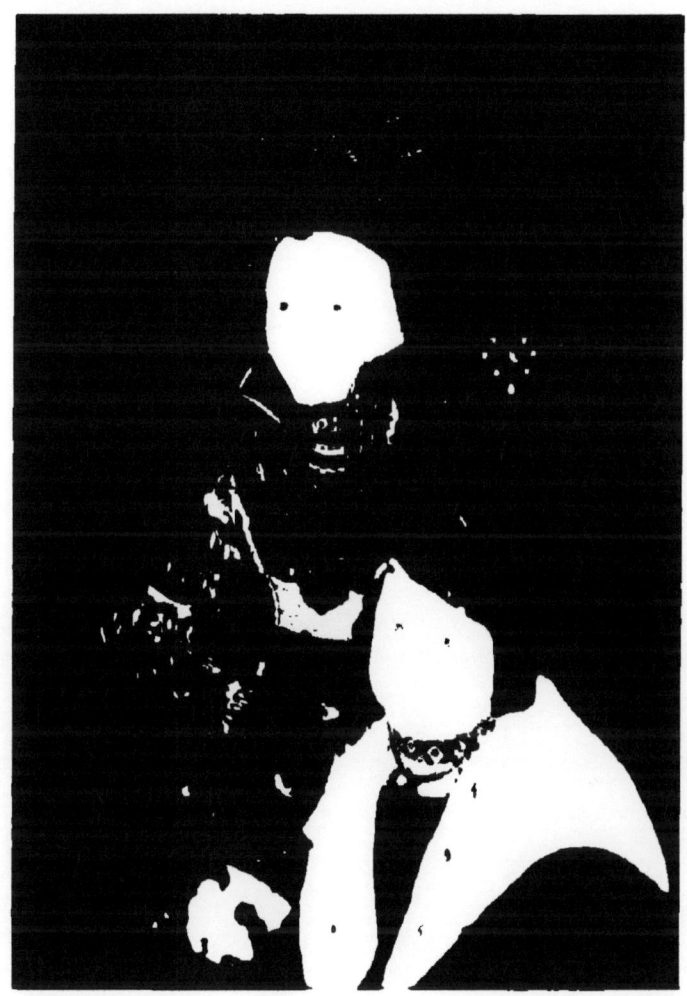

No. 21. L. Cranach

Narcisse Diaz de la Pena. (Paris.)

26 Landschafts-Skizze.

Waldlichtung mit Sumpfwasser und Gestrüpp, hell von der über die umgrenzenden hohen Bäume hereinfallenden Sonne beleuchtet. Als Staffage Holz sammelnde Frau durch eine Furth watend.

Geistreich ausgeführtes freundliches Bildchen.
Unten links bezeichnet: N. Diaz.

Holz. Höhe 24. Breite 32 Cent.

Anthonie van Dyck,

geb. zu Antwerpen 1599; † zu Blackfriars (London) 1641.

27 Rinaldo und Armida.

In einer Landschaft sitzt Armida, von Rinaldo mit Blumen bekrönt, umgeben von ihren Gespielinnen, die in den verschiedensten Stellungen, theils am Boden lagernd, theils stehend, um sie gruppirt sind. In der Höhe Amoretten mit Liebespfeilen.

Schöne grosse Composition mit Anklängen an die bekannte durch Baillio gestochene Darstellung.
Oben rechts bezeichnet: Antonius van Dyck eques fecit.

Leinwand. Höhe 119. Breite 140 Cent.

Anthonie van Dyck (Manier).

28 Madonna mit dem Kinde.

Kniefigur der Maria in rothem Gewande und blauem Mantel, das mit Schleier umhüllte Haupt mit grossem Heiligenschein. Auf ihrem Schoosse sitzt das nackte Jesukind auf weissem Linnentuche, welches sie mit beiden Händen fasst.

Anmuthvolles Bildchen.

Holz. Höhe 44. Breite 35 Cent.

Adam Elsheimer,

geb. zu Frankfurt a. M. 1578; † zu Rom muthmasslich 1620.

29 Die Anbetung der Hirten.

Vor grossen Ruinen und sculptirten Säulen stehen und knieen zahlreich herbeigeeilte Hirten anbetend um die Wiege des neugeborenen Jesukindes, zu dessen Haupte Maria kniet. In der Höhe Engelglorie.

Gutes Bild von leuchtender Farbengebung und entschieden unter italienischem Einflusse entstanden.

Holz. Höhe 42. Breite 19 Cent.

30-31 Zwei Landschaften.

Als Staffage Viehheerden im Vorgrunde von Gebirgen und eines Waldes.

Holz. Höhe 12. Breite 20½ Cent. 2 Stück.

W. Faurhold. (Düsseldorf.)

32 Marine bei Abendstimmung.

Leicht bewegte See; im Vorgrunde links grosses Schiff mit voll aufgehissten Segeln; im Hintergrunde wird ein Dampfer sichtbar.

Gutes Bildchen.

Unten rechts bezeichnet: W. Faurhold. 1870.

Leinwand. Höhe 28. Breite 40 Cent.

Franz de Paula Ferg.

geb. zu Wien 1689; † zu London 1740.

33 Landschaft mit Bogenbrücke.

Ein von weitem gebirgigem Hintergrunde herkommender Fluss wird über einem Wasserfall von einem grossen Bogen überbrückt; auf demselben wie auf dem breiten hinaufführenden Wege links mehrere Figuren.

Sehr hübsches Bildchen, in klarer freundlicher Farbengebung.

Holz. Höhe 27. Breite 24 Cent.

Jan Fyt.

geb. zu Antwerpen 1611; † daselbst 1661.

34 Todtes Geflügel.

Auf einer Marmor-Tischplatte liegen Feldhuhn, Schnepfe und Rohrdommel vor einem grossen Kessel in Rothkupfer, in dem dicht aneinander gedrängt Ente, Schnepfe und kleinere todte Vögel liegen.

Kostbares Werk des Meister von vorzüglichster Qualität, von hoher Vollendung bei malerischer Anordnung und Behandlung.

Leinwand. Höhe 54. Breite 46 Cent.

Jan van Goijen,

geb. zu Leyden 1596; † im Haag 1656.

35 Flussufer.

An einem den ganzen Vorgrund und die linke Seite des Bildes einnehmenden Wasser, auf dem mehrere Fischerboote, zieht sich rechts ein flacher Streifen Land hin, dessen hohe Bäume und Buschwerk sich im Wasser wiederspiegeln.

Hübsches Bildchen in reizvollem Silberton vortrefflich ausgeführt.

Rechts auf einem Bretterzaun die alte Signatur J. v. G. 1647.

Holz. Höhe 20. Breite 14 Cent.

R. Gourdon. (Paris.)

36 Waldlandschaft.

Lichtung, von hohen dicht belaubten Bäumen und Buschwerk umrahmt und von der eben durchschimmernden Sonne beleuchtet. Als
Staffage eine Frau.

Sehr feines Bild.
Unten rechts bezeichnet: R. Gourdon.

Holz. Höhe 10. Breite 13 Cent.

Jean-Baptiste Greuze,

geb. zu Tournus bei Mascon 1725; † zu Paris 1805.

37 Alte Frau.

Brustbild einer Alten, fast ganz von vorne gesehen, den Kopf mit
faltenreichem Gesicht mit weisser Haube verhüllt. Sie trägt ein blaues
Gewand, mit gestreiftem Halstuche und weisser Schürze. Hellgrauer Grund.

Wiederholung des auch durch Wille's Stich bekannten Bildes in vortrefflicher
feiner Ausführung.

Holz. Höhe 18. Breite 16 Cent.

J. L. Guyot. (Paris.)

38 Landschaft.

Beiderseits von hohen, dicht belaubten, eng stehenden Bäumen ein-
gefasst, ein sumpfiges Wasser mit Schilf- und Sumpfpflanzen bewachsen,
den Mittelgrund und den ganzen Vordergrund einnehmend und von der
schwach einfallenden Sonne beleuchtet. Links Angler in einem Kahne.

Interessantes gutes Bild.
Unten links bezeichnet: J. L. Guyot 1881 Paris.

Holz. Höhe 52. Breite 41 Cent.

Georg van Haanen. (Amsterdam.)

39 Der Messner.

Gebirgige Nachtlandschaft; rechts steht auf einem Felsvorsprunge
eine erleuchtete Kapelle, aus der ein älterer Priester zum Krankenbesuche
schreitet; ihm voran geht der Glöckner, eine grosse Laterne in der Rechten,
deren Schein die Gruppe und den breiten Weg hell erleuchtet.

Sehr schönes, fein durchgeführtes Bild, mit hübschen Lichteffecten.
Unten links bezeichnet: Georg van Haanen.

Holz. Höhe 27. Breite 37 Cent.

Frans Hals (zugeschrieben).

40 Kinderportrait.

Brustbild eines kleinen leicht bekleideten Mädchens, das Haar mit blauer Atlasschleife und Blumen durchflochten, sich auf einen Steinsockel aufstützend, auf dem eine irdene Schüssel steht, die es mit der Linken festhält. Characteristisch behandeltes Bild von flotter Ausführung.

Leinwand. Höhe 45. Breite 34 Cent.

Willem Klaesz Heda (Manier).

41 Frühstückstisch.

Auf einem Tische steht eine Zinnschüssel mit Apfel und angeschnittener Citrone, neben einer umgeworfenen reichen Silberschale. Links daneben ein halbgefüllter Römer neben hohem Champagnerglase. Rechts reiche Metallkanne, Venezianer Fläschchen, Delfter Kümpchen, Austernschalen und Messer.

Schöne Composition.

Holz. Höhe 61. Breite 70 Cent.

Theodor Hildebrandt. (Düsseldorf.)

42 Kardinal Thomas Wolsey ins Kloster gehend.

Abt und Mönche empfangen den mit zahlreichem Gefolge an der Pforte des Klosters erscheinenden Kardinal.

Geistreiche Skizze zu dem bekannten im königl. preuss. Besitze befindlichen Bilde. Unten rechts bezeichnet: Th. H. 1838.

Leinwand. Höhe 19. Breite 29 Cent.

Meindert Hobbema (Manier).

43 Landschaft.

Hügeliges Terrain mit Gruppen hoher Bäume und Buschwerk, über welches im Mittelgrunde das rothe Dach eines Bauernhauses hervorragt. Zum Vorgrunde links führt ein breiter Weg, auf dem mehrere Figuren.

Leinwand. Höhe 31. Breite 16 Cent.

Holzheimer.

44 Hundeportrait.

Lebensgrosser Kopf eines Bernhardinerhundes, wenig nach links gewandt. Lebenswahre Darstellung.

Unten links mit Namen und Jahreszahl 1867 bezeichnet.

Leinwand. Höhe 15. Breite 35 Cent.

No. 15 — S. Lo

Melchior d'Hondecoeter,

geb. zu Utrecht 1636; † zu Amsterdam 1695.

45 Hühnerhof.

Im Mittelgrunde der buntgefiederte Hahn; rechts weisse Glucke mit ihren Küchelchen; auf erhöhtem Standpunkte ein Pfauenpaar. Links Blick in einen Park.

Mit kräftigem Pinsel gut gemaltes Bild.

Leinwand. Höhe 107, Breite 93 Cent.

Gerard van Honthorst,

geb. zu Utrecht 1590; † daselbst 1656.

46 Soldat aus der Zeit des 30jährigen Krieges.

Lebensgrosse Halbfigur, fast von vorne gesehen; das gebräunte Gesicht mit schwarzem struppigen Vollbart, das Lockenhaar mit Federhut bedeckt. Mit der Rechten stützt er sich auf, die Linke umfasst das Degengefäss.

Charakteristische Auffassung.

Leinwand. Höhe 81, Breite 66 Cent.

Jan van Hughtenburgh,

geb. zu Haarlem angeblich 1646; † zu Amsterdam 1733.

47 Schlachtbild aus dem Türkenkriege.

In einer weit ausgedehnten Gebirgslandschaft wüthet, sich in dichtem Kampfe in die weiteste Ferne erstreckend, eine Reiterschlacht. Im Vorgrunde links sind zwei Abtheilungen im Streite um die Fahne handgemein geworden. Rechts das gefallene Pankenpferd.

Vorzüglich schöne Qualität des Meisters von ungemein lebendiger Composition und vortrefflicher Ausführung.

Holz. Höhe 18, Breite 36 Cent.

S. Jacobsen. (Düsseldorf.)

48 Mondscheinlandschaft.

An den Ufern eines Kanals, an dem ein Kahn liegt, liegen zwischen hohen Bäumen versteckt, die theils erleuchteten Häuser eines Dorfes; rechts der dieselben hoch überragende Kirchthurm. Der Vollmond, der sein Licht hell über die Landschaft ergiesst, steht hoch am Himmel.

Selten schöne Qualität des Meisters, in ungemein vornehmem in Silber schimmernden Tone.

Unten rechts bezeichnet: S. Jacobsen.

Holz. Höhe 58, Breite 42 Cent.

S. Jacobsen. (Düsseldorf.)

49 Winterlandschaft bei untergehender Sonne.

Von einem den Mittelgrund des Bildes einnehmenden Walde her
führt an einem Hause und Holzzaune vorbei ein breiter Weg dem Vorgrund
zu: links eine leichte Anhöhe: tiefer Schnee bedeckt Wald und Flur.

Prachtiges Bild von vorzüglicher Durchführung.

Holz. Höhe 72. Breite 57 Cent.

Otto Kirberg. (Düsseldorf.)

50 Mädchen mit Katze.

Brustbild eines jungen Mädchens in grüner Jacke und Spitzen-
häubchen, vergnügt lächelnd, mit einem jungen Kätzchen spielend.

Hübsches Bildchen.
Unten rechts bezeichnet: Otto Kirberg Df. 77.

Holz. Höhe 26, Breite 20 Cent.

J. B. Klombeck. (Cleve.)

51 Landschaft.

Durch die Mitte des Bildes zieht sich ein breiter Hohlweg, beiderseits von Hügelanhöhen begrenzt, die mit Buschwerk bestandet sind. Im
Vorgrunde fliesst an Gruppen hoher dicht belaubter Bäume vorbei ein
seichter Bach, in dem Esel und saufende Kuh stehen; am Ufer die bar-
füssige Hirtin.

Freundliches Bild in heller klarer Farbengebung, den Arbeiten des Koekkoek
nahekommend.

Holz. Höhe 40, Breite 36 Cent.

Ludwig Knaus. (Berlin.)

52 Die Heimkehr vom Kirchweihfest.

Im Vorgrunde einer gebirgigen Landschaft kehrt ein Bauernpaar
mit seinen Kindern heim, deren jüngstes der Mann auf den Armen trägt.
Hinter ihnen trunkenes Paar, vor einem hinter hohen Bäumen erscheinenden, mit Kirmess-Gästen besetzten Leiterwagen.

Grosse, humoristische Stift-Zeichnung.
Unten rechts bezeichnet: L. Knaus 1. Juni 1851.

Höhe 26, Breite 42 Cent. In Rahmen unter Glas.

Fritz Lange. (Düsseldorf.)

53 Hühnerfamilie.

Im Vorgrunde einer nach links weit ausgedehnten Feldlandschaft
steht rechts im Vorgrunde zwischen hohem Korn buntgefiederter Hahn
von seinen Hühnern und weisser Glucke umgeben.

Hübsches Bildchen in der bekannten Manier des Meisters vortrefflich ausgeführt.
Unten links bezeichnet: Fritz Lange. D. 71.

Leinwand. Höhe 19, Breite 22 Cent.

Cornelius Mahu,

Maler des XVII. Jahrh. zu Antwerpen.

54 Der Tanz in der Schenke.

Als Mittelgruppe mehrere Paare zum Spiele eines Geigers einen Rundtanz ausführend; im Vorgrunde rechts eine Gesellschaft von Bauern an besetztem Tische sitzend. Im Hintergrunde links am offenen Kaminfeuer figurenreiche Gruppe.

Reiche Composition im Stile des David Teniers.

Leinwand. Höhe 46, Breite 77 Cent.

Jan van der Meer de Oude,

geb. zu Schoonhoven 1628; † angeblich 1691.

55 Der Halt vor der Schenke.

Vor einer im Vorgrunde links bei einer Gruppe hoher Bäume liegenden Schenke haben eine Jagdgesellschaft und Hirten mit ihrer Viehheerde Halt gemacht. Ein Kavalier zu Pferde unterhält sich mit der Wirthin, die ihm einen Trunk gereicht. Im Mittelgrunde drei sich stossende Ochsen; im Vorgrunde lagern Kühe, Pferde, Schafe etc. Rechts weite Fernsicht: im Vorgrunde sitzt auf einem Erdhügel der Hundeknecht in Unterhaltung mit einem vor ihm stehenden Jäger.

Sehr schönes Bild von reicher Composition in warmem noblem Tone.

Auf einem Baumstamme unten rechts die alte Signatur: J. v. d. Meer verschl. auf dem Giebel: 1665).

Holz. Höhe 78, Breite 63 Cent.

E. Meisel. (Düsseldorf.)

56 Klosterbruder.

Kniefigur eines Mönches in brauner Kutte, an einem Tische sitzend, mit vergnüglichem Gesichtsausdruck in eine in der Linken gehaltene Kanne schauend.

Sehr hübsches humorvolles Bildchen.

Unten rechts mit dem Namen bezeichnet.

Holz. Höhe 21, Breite 17 Cent.

Miniatur des XV. Jahrh.

57 Vollständiges Blatt eines Psalteriums.

Miniatur auf Pergament, in Farbe mit reicher Goldanwendung, vorzüglich gemalt. Initiale A mit König David in reicher Landschaftsdarstellung, die Balken en grisaille auf blauem Grunde, mit einer Darstellung der Verkündigung Mariä zwischen gothischen Blattranken. Die vier Seiten des Blattes nehmen reizende Blumen- und Rankenmotive ein, zwischen denen auf der rechten Seite Wappenschild haltender Löwe.

Hervorragendes Stück.

Länge 47, Breite 31 Cent. In Rahmen unter Glas.

Jan Miense Molenaer,

geb. zu Haarlem um 1610; † daselbst 1668.

58 Bauernpaar.

In einer Stube mit hohen eng gefassten Fenstern sitzt an einem runden Tische, auf dem Pfeife und Reste der Mahlzeit liegen, ein älterer Mann, in der Linken ein Passglas haltend, in intimer Unterhaltung mit einer in Rundsessel sitzenden Frau.

Gutes Bild.

Leinwand. Höhe 66, Breite 46 Cent.

Klaas Molenaar,

geb. zu Haarlem (?); † daselbst 1676.

59 Winterlandschaft bei Abendstimmung.

Die Mitte der Composition nimmt ein im Hintergrunde überbrückter zugefrorener Canal ein, auf dessen Eise Schlittschuhläufer, Schlittenfahrer etc.; auf den beiderseitigen Ufern die Gebäulichkeiten einer Ortschaft; im Vorgrunde rechts grosser runder Thurm.

Sehr gutes Bild in goldigem Tone.

Unt n rechts die sehr dünne Signatur.

Holz. Höhe 40, Breite 58 Cent.

Peter Neefs der Aeltere,

geb. zu Antwerpen kurz nach 1577; † daselbst zwischen 1657 und 1661.

60 61 Zwei Architecturstücke.

Das Innere weiter Säulenhallen mit hohen Bogen, die durch die einfallende Sonne hell beleuchtet sind. Figurenstaffage.

Sehr hübsche Bildchen.

Holz. Höhe 17, Breite 22 Cent. 2 Stück.

Aart van der Neer (Manier).

geb. zu Amsterdam 1603; † daselbst 1677.

62 Nachtlandschaft mit Feuersbrunst.

Zur Linken zieht sich an einem Kanal entlang eine grössere Ortschaft. In derselben wüthet in der Nähe der Kirche eine gewaltige Feuersbrunst; von der Ortschaft des anderen Ufers her eilen auf der über den von zahlreichen Schiffen und Booten belebten Kanal führenden Brücke zahlreiche Personen zum Löschen und Retten hin. Der Mond hat sich eben über dem Wasser erhoben und ist hinter den schwarzen Wolken fast ganz versteckt.

Gutes Bild, von schöner Composition und malerischer Wirkung.

Holz. Höhe 46, Breite 59 Cent. Alter geschnitzter vergoldeter Rahmen.

No. 63   H. Oehmichen.

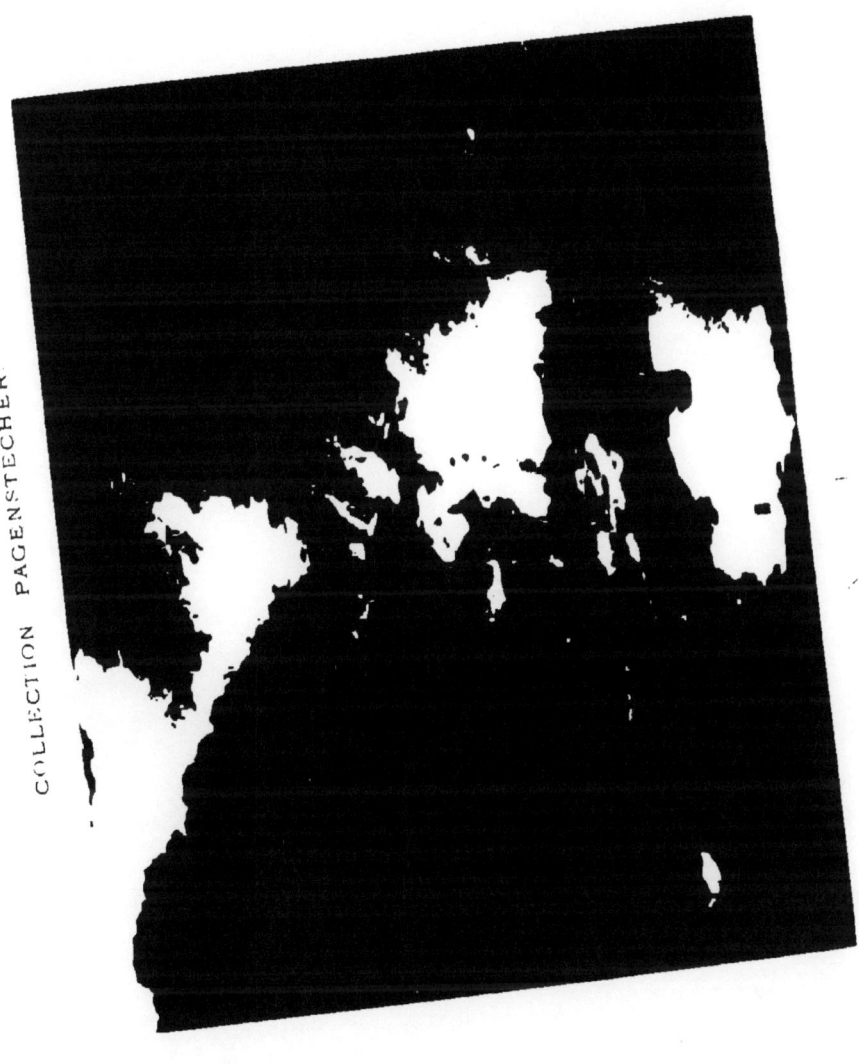

H. Oehmichen. Düsseldorf.)

63 Auf dem Schulwege.

Dorf im Winter bei tiefem Schnee. Links führt die breite Dorfstrasse, auf der zahlreiche Kinder zur Schule gehen. Im Vorgrunde eine
Gruppe von vier kleinen Mädchen, deren eines über den Schneeballenwurf
eines Knaben weint, der sich an der Wand des rechts stehenden Hauses
vorbeidrückt. Ein zweites Mädchen führt an eine die Treppe herunter-
kommende Alte seine Anklage gegen denselben.

Vorzüglich schönes Bild, von reizender Composition und vortrefflicher Ausführung.
Unten rechts bezeichnet: H. Oehmichen Dff.

Leinwand. Höhe 64. Breite 51 Cent.

B. Olafson. (Düsseldorf)

64 Nordische Landschaft bei Mondschein.

Weit ausgedehntes sumpfiges Terrain: im Vorgrunde rechts hoher
wenig belaubter Stamm zwischen Schilfpflanzen; der halb hinter einer
dunklen Wolke versteckte Mond wirft einen starken Schein auf das Sumpfwasser.

Vorzügliches Bild.
Unten links bezeichnet: B. Olafson.

Holz. Höhe 32. Breite 21 Cent.

Balthasar Paul Ommeganck,
geb. zu Antwerpen 1755; † daselbst 1826.

65 Waldlandschaft bei Sonnenuntergang mit heimziehender Heerde.

Gruppen hoher Bäume zwischen dichtem Buschwerk gewähren in
der Mitte über ein Wasser hinweg, über das eine Bogenbrücke führt, einen freien Durchblick in die weite neblige Ferne. Links führt ein von den
letzten Strahlen der Sonne schwach beleuchteter breiter Weg, an einem
von hohen Bäumen beschatteten Hause vorbei, vor dessen Thüre eine
Frau beschäftigt. Ueber denselben ziehen Schäfer mit ihrer grossen Heerde
von Schafen und Ziegen heim.

Selten schönes Werk des Meisters, von allererster Qualität, von schöner Composition, poetischer Stimmung und noblem Ton.
Unten links bezeichnet: B. P. Ommeganck.

Holz. Höhe 72. Breite 96 Cent.

Jean Baptiste Pater (Manier.

66 Gesellschaft im Freien.

Auf dem freien Rasenplatze eines Parkes sitzt um einen das Vio-
loncell spielenden Kavalier eine Gesellschaft von reich gekleideten Herren
und Damen in Gruppen theils singend, theils ihn auf anderen Instrumenten
begleitend.

Hübsche Composition.

Leinwand. Höhe 76. Breite 61 Cent.

Jan Peeters,

geb. zu Antwerpen 1624; † daselbst 1677.

67 Landschaft mit Schloss.

Im Vorgrunde rechts zieht sich ein breiter, von hohen, üppig belaubten Bäumen begrenzter Weg, auf dem zwei Paare, deren eines mit einem Hundeknechte spricht; links ein Teich, an dem zwei Angler; im Hintergrunde gewahrt man die ausgedehnten, ein dichtes Buschwerk überragenden Gebäulichkeiten eines Schlosses.

Vorzügliches Bild.
Unten rechts bezeichnet: J. Peters.

Holz. Höhe 36, Breite 42 Cent.

Gillis Peeters,

geb. zu Antwerpen 1612; † daselbst 1653.

68 Flusslandschaft mit Ansicht von Nymwegen.

Rechts schlängelt sich das breite Wasser, auf dem mehrere grosse stark bemannte reichgeflaggte Schiffe fahren. Das Ufer links hügelig mit der sich lang hinziehenden Stadt Nymwegen. Als Stallage im Vorgrunde vier ruhende Jäger, Reiter, Schäfer mit seiner Heerde etc.

Schönes, klar gemaltes Bild.
In der Mitte bezeichnet: G... Peeters 16..

Holz. Höhe 61. Breite 94 Cent.

F. Pondel. (Berlin.)

69,70 Lachen und Weinen.

Die Brustbilder zweier Bauernkinder; das Mädchen vergnügt lachend, der nur mit einem Hemdchen bekleidete Knabe weinend.

Zwei naive Genrebildchen.

Leinwand. Höhe 21. Breite 18 Cent.

Pieter Jansz Quast,

geb. zu Amsterdam 1606; † daselbst 1647.

71 Bauernstück.

In der Mitte einer Bauernstube sitzt, sich umschlungen haltend, ein einen Brief lesendes Bauernpaar. Ein hinter ihm stehender Mann schaut vorwitzig auf das Papier. Vor ihnen steht ein anderer mit hohem tief in den Kopf gedrückten Hut, in beiden Händen eine Kanne haltend; links im Hintergrunde an offenem Kaminfeuer zwei weitere Bauern und Kind.

Gutes Bild in Goldton.
Rechts auf einem Korbe das Monogramm des Meisters.

Leinwand. Höhe 45. Breite 54 Cent.

A. Rasmussen. (Düsseldorf.)

72 Norwegische Landschaft.

Ruhiges Wasser, von der schwach durch die Wolken schimmernden
Sonne beleuchtet. Im Vorgrunde drei Fischer in einem Kahn, rechts im
Hintergrunde das gebirgige Ufer, an dem man, wie am fernsten Horizonte,
zahlreiche grössere Schiffe und kleine Boote gewahrt.

Sehr schönes, fleissig durchgeführtes Bild, in ruhiger Stimmung.
Unten links bezeichnet: A. Rasmussen, Df.

Leinwand. Höhe 39. Breite 59½ Cent.

Rembrandt Harmensz van Rijn,

geb. zu Leyden 1607; † zu Amsterdam 1668.

73 Portraitskizze im Stile der Nachtwache.

Kniefigur eines jugendlichen Offiziers in Dreiviertelwendung nach
links, mit Brustharnisch über dem gelben gestickten Wamms. Das starke
lockige Haar bedeckt ein hoher Federhut, die Rechte hat er in die Seite
gestemmt: in der behandschuhten Linken hält er einen Stock.

Bräunlicher Grund.
Hochinteressante Skizze. Unten rechts Spuren des Monogramms.

Holz. Höhe 51. Breite 33 Cent.

Rachel Ruijsch,

geb. zu Amsterdam 1664; † 1750.

74 Blumenstück.

Auf einer Marmorplatte steht in einer Vase ein reicher Strauss von
Rosen, Winden, Mohn, Nelken, Schwertlilien und andern Gartenblumen.
Auf denselben Schnecke, Falter, Käfer etc. Dunkler Grund.

Schönes farbenprächtiges Bild.

Leinwand. Höhe 70. Breite 58 Cent.

Salomon van Ruijsdael,

geb. zu Haarlem; † daselbst 1670.

75 Landschaft mit Waarentransport.

Durch einen Hohlweg des Vorgrundes kommt unter reicher Bedek-
kung von Reitern und Fusssoldaten ein zweibespannter hochbeladener Kar-
ren: im Mittelgrunde des rechts sich weit ausdehnenden hügeligen Ter-
rains steht bei einer Gruppe von Bäumen und Buschwerk ausschauend
ein Reiter.

Vortreffliches, in braunem Tone gehaltenes Bild von vorzüglichster Erhaltung.
Mit frühester Datirung unten links bezeichnet: S. v. Ruysdael 1627.

Holz. Höhe 37. Breite 57 Cent.

Salomon von Ruijsdael,

geb. zu Harlem; † daselbst 1670.

76 Flusslandschaft.

Am rechten Ufer des Kanals, der in mächtiger Breite nach links sich ausdehnend, von bemannten Kähnen und Segelbooten belebt ist und im Hintergrunde von einem schmalen Landstreifen mit Ortschaften begrenzt wird, ist im Vordergrunde unter hohen Weiden ein Landeplatz mit verschiedenen Booten. Die Insassen eines, das eben angelegt, steigen die Landungstreppe hinauf. Weiter zurück ein Wagen, der beladen wird.

Trefliches Bild mit schönem klaren Silbertone.
Unten rechts das verschlungene Monogramm: S. v. R.

Holz. Höhe 40. Breite 50 Cent.

Salomon van Ruijsdael (Manier).

77 Flusslandschaft.

Weitausgedehnte von Höhenzug begrenzte Landschaft, deren Vorgrund ein Wasser einnimmt, auf dem ein reich besetzter Kahn fährt. Das linke Ufer hügelig ansteigend, mit Hütte bei einer Baumgruppe. An demselben liegen mehrere Kähne, auf einer kleinen Holzbrücke ist eine Frau mit Waschen beschäftigt.

Holz. Höhe 64. Breite 82 Cent.

Hans Leonhard Schaeufelein,

geb. zu Nürnberg vor 1490; † zu Nördlingen 1539 oder 1540.

78 Predella.

Christus in grauem Gewande und rothem Mantel, die Rechte segnend erhoben, die Linke auf die Weltkugel legend, umgeben von den Aposteln, die ihre Attribute tragen. Sämmtlich in Brustbildern dargestellt.

Interessantes Bild, die Köpfe von charakteristischem Ausdruck, die Heiligenscheine und einzelne Partien vergoldet. Unten rechts die Schaufel.

Holz. Höhe 39. Breite 118 Cent.

J. W. Schirmer. (Düsseldorf.)

79 Landschaft.

Rechts und im Hintergrunde hohe Felsgebilde, im Vorgrunde links ein Wasser, das theilweise von den hohen, dichtbelaubten Bäumen des Ufers überschattet ist. Als Staffage im Vorgrunde rechts Fischer und Frau mit Kind. Abendstimmung.

Sehr schönes poesievolles Bildchen.
Unten links bezeichnet: J. W. Schirmer.

Leinwand. Höhe 25. Breite 43 Cent.

No. 6. Hon. Leonhard Schneuthem

Christian Sell, Vater. (Düsseldorf)

80 Husaren auf Vorposten.

Zwei rothe Husaren in einem Haideterrain: einer derselben auf
Schimmel, der andere abgestiegen steht zum Schusse fertig hinter einem
Gebüsch. Scene aus dem Feldzuge 1864.

Sehr gutes Bildchen.
Unten rechts bezeichnet C. Sell.
Leinwand. Höhe 24, Breite 33 Cent.

81 Scene aus dem dreissigjährigen Krieg.

Zwei Reiter werden von einer grösseren Reiterabtheilung verfolgt.
Der Vordere rast entblösten Hauptes auf einem Schimmel über Stämme
und Gestrüpp, während der andere gegen seine Verfolger die Pistole
abfeuert.

Vorzügliches Werk des Meisters.
Unten rechts bezeichnet: C. Sell 62.
Holz. Höhe 23, Breite 32 Cent.

Adolph Stademann. (München.)

82 Winterlandschaft bei anbrechendem Abend.

Den ganzen Vorgrund nimmt ein zugefrorenes Wasser ein, auf dem
sich zahllose Figuren aller Stände und jeden Alters im Schlittschuhlaufen
und Schlittenfahren vergnügen. Rechts, sich nach dem Hintergrund zu-
ziehend, eine Stadt, deren Häuser theils hell erleuchtet sind.

Schön componirtes, flott behandeltes Bild.
Unten links bezeichnet St.
Holz. Höhe 36, Breite 48 Cent.

David Teniers der Jüngere.
geb. zu Antwerpen 1610: † zu Brüssel 1690.

83 Das Gehör.

Bauer, im Profil dargestellt, mit hohem Hute liest der links neben
ihm befindlichen Frau einen Brief vor. Gruppe zweier Brustbilder aus
einer Suite der fünf Sinne.

Feines geistreiches Bildchen in schönem warmen Goldtone.
Holz. Höhe 13½, Breite 11 Cent.

84 Das Gefühl.

Bauer in brauner Jacke und rother Mütze, das Gesicht mit dem Aus-
drucke heftigen Schmerzes, nimmt von einer Wunde der rechten Hand das
Pflaster ab; hinter ihm eine Frau mit neuem Verband.

Gegenstück zum Vorigen in gleicher Ausführung.
Holz. Gleiche Grösse.

Anna Dorothea Therbusch, geb. Lisiewsky,

geb. zu Berlin 1722; † 1782.

85 Portrait Friedrichs des Grossen.

Halbfigur beinah Lebensgrösse nach links gewandt, der Kopf fast ganz von vorne gesehen. Mit Dreieckshut, Ordensband und Stern.

Interessantes, gut ausgeführtes Portrait.

Holz. Höhe 79, Breite 64 Cent. Geschnitzter vergoldeter Roccocorahmen.

Jacob van der Ulft,

geb. zu Gorinchem 1627; lebte daselbst noch 1688.

86 Römische Landschaft.

Hügeliges Terrain, das sich nach links zu einer weiten Fernsicht ausbreitet. Rechts stehen theils Bäume und dichtes Buschwerk überragend, ausgedehnte antike Ruinen. Im Vorgrunde lagert bei hohem Bogen eine grosse Heerde; der auf der Erde sitzende Hirt unterhält sich mit zwei vor ihm stehenden Frauen. Gewitterstimmung.

Prachtbild von grossem Wurf und von hoher geistreicher Vollendung und Meisterschaft in der Ausführung.

Links bezeichnet: J. V.

Holz. Höhe 56, Breite 89 Cent.

Unbekannte Meister.

87 Stillleben.

Im Vorgrunde rechts auf einem Tische vor einem rothen goldbefranzten Koller, auf dem ein paar Orangen liegen, eine Anzahl loser Blumen; links davon ein Metallteller, Aprikosen, Trauben und eine Citrone; dahinter ein metallener hoher Pokal und eine Vase mit einem Blumenstrauss.

Sammlung Pein.

Leinwand. Höhe 77, Breite 69 Cent.

88 Der Raucher.

Halbfigur eines Bauern mit vergnügtem Gesichts-Ausdruck, in der Rechten eine Thonpfeife haltend.

Leinwand auf Holz gezogen. Höhe 22, Breite 16 Cent.

89 Winterlandschaft.

Breiter zugefrorener Fluss, auf dem zahlreiche Schlitten. Auf dem Ufer links grosses Schloss, rechts im Vorgrunde heimziehende Heerde.

Leinwand. Höhe 36, Breite 53 Cent.

90 Bauern beim Kartenspiel.

Gruppe dreier Bauern, um einen Tisch sitzend.

Leinwand. Höhe 17, Breite 21 Cent.

Unbekannte Meister.

91 Bauernstück.

Bauernpaar bei der Mahlzeit.

Holz. Höhe 15. Breite 14 Cent.

92 Singendes Paar.

Brustbilder zweier Bauern.

Holz. Höhe 25, Breite 19 Cent.

93,94 Zwei Waldlandschaften.

Holz. Höhe 21. Breite 28 Cent. 2 Stück.

95 Landschafts-Studie mit Felsenhöhle.

Pappe. Höhe 14. Breite 19 Cent. Ohne Rahmen.

96 Ecce Homo.

Brustbild.

Kupfer. Höhe 20. Breite 17 Cent. Ohne Rahmen.

Benjamin Vautier. (Düsseldorf.)

97 Der Abschied.

Ein Paar sich umarmend in einem Gartenzimmer, auf dessen Balcon
aufpassend ein Diener mit Stelzfuss.

Fein durchgeführte Bleistiftzeichnung.
Unten rechts bez.: P. V. In Passepartout.

Leinwand. Höhe 11, Breite 10 Cent. In Rahmen unter Glas.

Willem van de Velde (Manier.

98 Holländische Fregatten auf leicht bewegter See.

In der Mitte steuert mit schwach geblähten Segeln eine Fregatte
nach rechts; der Spiegel reich verziert und mit der holländischen Flagge.
Rechts weiter zurück eine andere Fregatte denselben Kurs haltend. In
der Umgebung verschiedene Schiffe und Boote. Leicht bewölkter Himmel.

Vortrefflich ausgeführtes Bild.

Holz. Höhe 42. Breite 51 Cent.

Volkers. Düsseldorf.)

99 Pferdestück.

Schimmel mit braunem Füllen frei im Stalle stehend.

Gutes Bildchen.
Unten links mit dem Namen bezeichnet.

Leinwand. Höhe 26. Breite 32 Cent.

Roelof van Vries,

geb. zu Harlem 1631; † zu Amsterdam 1659.

100 Waldlandschaft.

Links auf einem Hügel, an dessem Fusse ein kleinerer Bach in mehreren Gefällen stürzt, zwei hohe Eichbäume, die knorrigen Stämme ineinander gekrümmt. Rechts führt an abgeschnittenen Baumstämmen vorbei ein breiter Weg, auf dem zwei Figuren als Staffage, zum Hintergrunde, der von dichtem Buschwerk begrenzt ist, zwischen dem einige Häuser versteckt liegen.

Vorzügliches Bild, in dunklem aber emailartigen Tone meisterhaft ausgeführt. Unten auf einem Baumstamme die Reste der Signatur.

Holz. Höhe 71, Breite 85 Cent.

C. de Wael.

101 Kanallandschaft.

Die rechte Seite des Bildes, sowie den Vorgrund nimmt der Kanal ein, auf dem zahlreiche Segelboote und besetzte Kähne. Im fernsten Hintergrunde ist derselbe von dem als Streifen erscheinenden Lande begrenzt, auf dem eine Ortschaft eben angedeutet. Im Mittelgrunde links erhebt sich aus dem Wasser eine befestigte Anhöhe, auf der ein grosses schlossartiges Gebäude.

Prachtvolles Bild in klarstem Silbertone, ganz im Geiste des Salomon Ruisdael meisterhaft durchgeführt, von tadelloser Erhaltung.

Auf einem Kahne links die Reste der Signatur.

Holz. Höhe 52, Breite 60 Cent.

August Weber. (Düsseldorf.)

102 Abendlandschaft.

Hügeliges Terrain mit Gestrüpp, Buschwerk und hohen Bäumen, im Mittelgrunde ein Wasser.

Fein gestimmtes, hübsches Bildchen. Unten rechts bez.: A. Weber.

Holz. Höhe 18, Breite 24 Cent.

103 Landschaft.

Hügelige Landschaft mit Gruppen hoher Bäume, Buschwerk und Gestrüpp; im Mittelgrunde als Staffage zwei Figuren. Abendstimmung.

Vorzüglich ausgeführte getuschte Zeichnung. Unten rechts bez.: A. Weber.

Höhe 39, Breite 33 Cent. In Passepartout in Goldrahmen unter Glas.